Máquinas de vuelo

Lola M. Schaefer

Traducción de Patricia Cano

Heinemann Library

Chicago, Illinois

Customer Service 888-454-2279
Visit our website at www.heinemannlibrary.com

Designed by Sue Emerson, Heinemann Library; Page layout by Que-Net Media
Printed and bound in the United States by Lake Book Manufacturing, Inc.
Photo research by Amor Montes De Oca

07 06 05 04 03
10 9 8 7 6 5 4 3 2 1

Library of Congress Cataloging-in-Publication Data
Schaefer, Lola M.,1950-
  [Aircraft. Spanish]
  Máquinas de vuelo / Lola M. Schaefer; traducción de Patricia Cano
    p. cm. — (Ruedas, alas y agua)
Includes index.
Contents: What are aircraft? – What do aircraft look like? – What are aircraft made of? – How did aircraft look long ago? – What is an airplane? – What is a jet? – What is a helicopter? – What is a blimp? – What are some special aircraft? – Quiz – picture glossary.
  ISBN 1-4034-0921-8 (HC), 1-4034-3528-6 (Pbk.)
  1. Airplanes—Juvenile literature. [1. Airplanes. 2. Spanish language materials.] I. Title. II. Series.
  TL547.S332318 2003
  629.133'3—dc21

                                        2002192168

Acknowledgments
The author and publishers are grateful to the following for permission to reproduce copyright material:
p. 4 Charles O'Rear/Corbis; pp. 5, 17 Jeffrey Howe/Visuals Unlimited; p. 6 A&E Morris/Visuals Unlimited; p. 7 Norman Owen Tomalin/Bruce Coleman, Inc.; p. 8 Swartzell/Visuals Unlimited; p. 9 Patrick Bennett/Corbis; p. 10 Bettmann/Corbis; p. 11 Museum of Flight/Corbis; p. 12 Matt Bradley/Bruce Coleman, Inc.; p. 13 Jeffrey Greenberg/Visuals Unlimited; p. 14 Bruce Berg/Visuals Unlimited; pp. 15, 22, 24 Philip Wallick/Corbis; p. 16 Arthur Morris/Visuals Unlimited; p. 18 Richard Hamilton Smith/Corbis; p. 19 Carl & Ann Purcell/Corbis; p. 20 Richard T. Nowitz/Corbis; p. 21 Ian & Karen Stewart/Bruce Coleman, Inc.; p. 23 row 1 (L-R) Norman Owen Tomalin/Bruce Coleman, Inc., Ian & Karen Stewart/Bruce Coleman, Inc., Richard T. Nowitz/Corbis; row 2 (L-R) Richard Hamilton Smith/Corbis, Jeffrey Howe/Visuals Unlimited, Charles O'Rear/Corbis; row 3 (L-R) Bruce Berg/Visuals Unlimited, Richard T. Nowitz/Corbis; back cover (L-R) Ian & Karen Stewart/Bruce Coleman, Inc., Richard Hamilton Smith/Corbis

Cover photograph by Matt Bradley/Bruce Coleman, Inc.

Every effort has been made to contact copyright holders of any material reproduced in this book. Any omissions will be rectified in subsequent printings if notice is given to the publisher.

Special thanks to our advisory panel for their help in the preparation of this book:

Anita R. Constantino
Reading Specialist
Irving Independent School District
Irving, TX

Argentina Palacios
Docent
Bronx Zoo
New York, NY

Ursula Sexton
Researcher, WestEd
San Ramon, CA

Aurora Colón García
Literacy Specialist
Northside Independent School District
San Antonio, TX

Leah Radinsky
Bilingual Teacher
Inter-American Magnet School
Chicago, IL

Unas palabras están en negrita, **así.**
Las encontrarás en el glosario en fotos de la página 23.

Contenido

¿Qué son las máquinas de vuelo?. . . . 4

¿Cómo son las máquinas de vuelo? . . 6

¿De qué son las máquinas de vuelo? . 8

¿Cómo eran hace tiempo?. 10

¿Qué es un avión?. 12

¿Qué es un jet?. 14

¿Qué es un helicóptero? 16

¿Qué es un dirigible? 18

¿Qué máquinas de vuelo

    especiales hay? 20

Prueba. 22

Glosario en fotos. 23

Nota a padres y maestros. 24

Respuesta de la prueba. 24

Índice 24

¿Qué son las máquinas de vuelo?

Las máquinas de vuelo son **vehículos** que vuelan.

Llevan personas o cosas por el aire.

Unas máquinas de vuelo vuelan con **motores** y **hélices**.

Otras vuelan con aire caliente, gas o con el viento.

¿Cómo son las máquinas de vuelo?

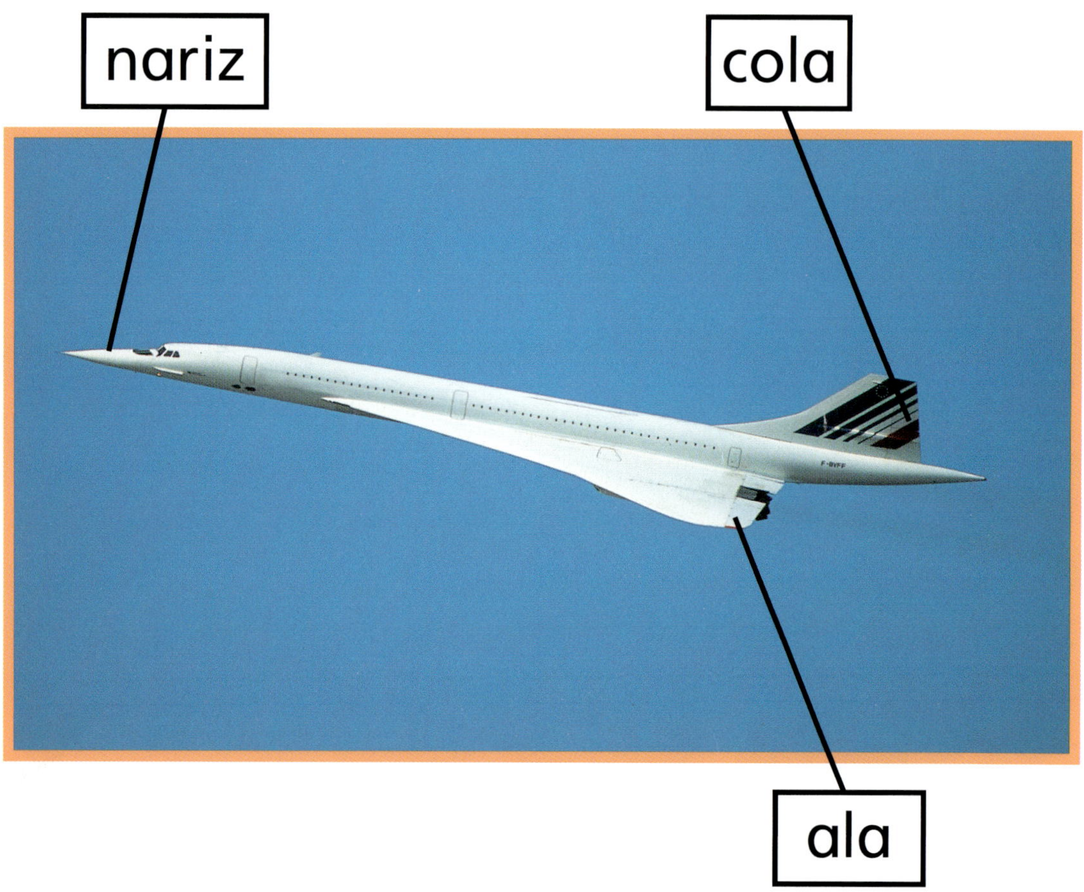

La mayoría de las máquinas de vuelo tienen dos alas, cola y nariz.

¡Este avión parece un pájaro gigante!

Unas máquinas de vuelo no tienen alas.

Este helicóptero tiene **palas** en vez de alas.

¿De qué son las máquinas de vuelo?

La parte de afuera por lo general es de metal.

Las llantas son de caucho.

Los asientos por lo general
son de tela.

Unas piezas son de plástico.

¿Cómo eran hace tiempo?

Las primeras máquinas de vuelo eran de madera, tela y cables.

El piloto se sentaba en unos palos.

Después se hicieron máquinas de vuelo de metal.

Tenían ventanas y puertas.

¿Qué es un avión?

Un avión es una máquina de vuelo con alas.

Unos aviones son muy pequeños.

Otros aviones son muy grandes.

Llevan mucha gente.

¿Qué es un jet?

Un jet es un avión sin **hélices**.

Los **motores** del jet son más potentes que las hélices.

Los jets vuelan más alto.

También vuelan más rápido.

¿Qué es un helicóptero?

Un helicóptero es una máquina de vuelo con **palas** en vez de **hélices**.

Un **motor** hace girar las palas.

El helicóptero vuela hacia arriba,
hacia abajo o hacia el lado.

También se puede quedar en
el mismo lugar.

¿Qué es un dirigible?

Un **dirigible** es un globo grande lleno de un gas ligero.

El gas hace que el dirigible suba al aire.

El dirigible se mueve con un **motor**.

Sólo puede llevar pocas personas.

¿Qué máquinas de vuelo especiales hay?

Los **acuaplanos** despegan y aterrizan en el agua.

Flotan en dos **esquíes** largos.

Los **globos de aire caliente** llevan personas en un cesto.

El aire caliente hace que el globo suba al aire.

Prueba

¿Sabes qué máquina de vuelo es ésta?

¡Búscala en el libro!

Busca la respuesta en la página 24.

Glosario en fotos

pala
páginas 7, 16

globo de aire caliente
página 21

esquíes
página 20

dirigible
páginas 18–19

hélice
páginas 5, 12, 14, 16

vehículo
página 4

motor
páginas 5, 14, 16, 19

acuaplano
página 20

Nota a padres y maestros

Leer para buscar información es un aspecto importante del desarrollo de la lectoescritura. El aprendizaje empieza con una pregunta. Si usted alienta a los niños a hacerse preguntas sobre el mundo que los rodea, los ayudará a verse como investigadores. Cada capítulo de este libro empieza con una pregunta. Lean la pregunta juntos, miren las fotos y traten de contestar la pregunta. Después, lean y comprueben si sus predicciones son correctas. Piensen en otras preguntas sobre el tema y comenten dónde pueden buscar la respuesta. El símbolo de vehículo en el glosario en fotos es un avión. Explique que un vehículo es algo que lleva personas o cosas de un lugar a otro. Unos vehículos, como los carros, tienen motores; otros no tienen.

Índice

acuaplano 20

aire 4–5, 18, 21

ala 6, 7, 12

avión. 6, 12–13, 14

cola 6

dirigible 18–19

esquíes 20

gente. 4, 13, 19

globo 21

globo de aire caliente . . 21

hélice 5, 12, 14, 16

helicóptero 16–17

jet 14–15

motor. 5, 14, 16, 19

nariz 6

palas. 7, 16

vehículo 4

Respuesta de la página 22

Es un jet.